Gedichte und Gedanken

Zwischenmenschliche Beziehungen

von

Anja Schönefeld

Vorwort

„Eine Million für deine Gedanken!",

sagte mein bester Freund einmal zu mir, als ich verträumt
in die Gegend starrte.

„ Verkauft !!! "

antwortete ich und verpflichtete mich somit zu diesem
Buch.

Die eine Million, die er mir nun schuldet, werde ich mit
unbezahlbaren, gemeinsamen, vergangenen und
zukünftigen Augenblicken verrechnen.

Einen „besten Freund" kann man nicht kaufen,
doch man kann ihn taufen.
Und ist er erst getauft,
gibt man diese Freundschaft nicht mehr auf.

Wer schreibt und nicht denkt,
die Feder mit dem Herzen lenkt,
bringt wahre Gefühle zu Papier.
So auch hier.

Und weil jedes Wort die Wahrheit spricht,
schreibe ich und denke nicht.

Genieße das Leben

Genieße jeden Tag vom Rest der Zeit,
denn die Zukunft ist nicht weit!
Sie sieht nicht immer rosig aus,
also nimm dein Leben, mach was draus!

Noch bist du jung und sorgenfrei,
doch einmal ist auch das vorbei,
dann geht der Ernst des Lebens los
und deine Pflichten werden groß.

Trau dich, geh raus in die Welt,
tu einfach das, was dir gefällt!
Sorgen kannst du dir später machen,
lerne erst einmal zu lachen!

Genieße jeden Tag vom Rest der Zeit,
denn die Zukunft ist nicht weit!
Sie sieht nicht immer rosig aus,
also nimm dein Leben, mach was draus!

DIE FREUNDSCHAFT

Wenn ein Freund
immer zu dir hält,
bist du niemals allein
auf dieser Welt.

Weil ich anders bin

Warum nur ist alles so schwer?
Ich verstehe diese Welt nicht mehr.
Ich bin doch ein Mensch wie ihr.
Ich kann lachen und auch weinen.
Nur weil ich anders fühle,
lasst ihr mich leiden.

Es gibt Milliarden von Menschen
auf diesem Planet,
doch es gibt keinen,
der mich wirklich versteht.
Nur weil ich anders bin,
nicht so denke - und dazu stehe,
die Welt mit meinen Augen sehe.

Ich bin ausgestoßen und allein.
Wie gern würde ich
mit Freunden zusammen sein.
Wahre Freunde habe ich nicht,
denn keiner von ihnen
schaut mir ins Angesicht.

Sie können oder wollen mich nicht verstehen,
darum versuchen sie,
mir aus dem Wege zu gehen.

Ich bin, wie ich bin
und ich sehe keinen Sinn,
mich zu ändern, nur weil euch das so passt,
dann ist es mir lieber,
wenn ihr mich in Ruhe lasst.
Ich kann euch heute schon sagen,
eines Tages werde auch ich
wahre Freunde haben.

Freunde auf ewig

Unser erstes Treffen vergesse ich nie.
Es war diese unglaubliche Sympathie.
Deine Art und dein Wesen
haben mich fasziniert.
Ich habe nie geglaubt,
dass mir so etwas jemals passiert.
Wir haben uns einfach nur angesehen,
schon war es um uns geschehen.

Es ist nicht leicht Worte zu finden,
die dich beschreiben.
Wie soll ich es sagen? Ich weiß es nicht.
Worte, die dich beschreiben, gibt es nicht.
Du bist ein Wahnsinns-Typ.
Was ich damit meine: „Ich hab dich lieb!"

Wir zwei zusammen können immer lachen
und verrückte Dinge machen.
Wir können auch gut miteinander reden
oder einfach nur in den Tag hinein leben.

Gemeinsam fällt uns immer etwas ein,
darum soll unsere Freundschaft
für die Ewigkeit sein.

Seit wir uns nun kennen,
kann uns nichts mehr trennen.
Dich zu verlieren,
wäre ein großer Verlust für mich.
Du bist ein Teil meines Lebens.
Ich brauche dich!
Unsere Freundschaft hat hohen Wert,
denn ich glaube nicht,
dass uns so etwas noch einmal widerfährt.

Kein Mensch

Kein Mensch beachtet mich.

Kein Mensch sieht mir ins Angesicht.

Kein Mensch will was von mir wissen.

Kein Mensch wird mich je vermissen.

Kein Mensch hört mir zu.

Kein Mensch - außer du!

An einen Freund

Ich weiß nicht wie, doch du hast es vollbracht,
durch dich bin ich aus der Einsamkeit erwacht.
        Du hast Gedanken in mir geweckt,
        ich wusste nie, was wirklich in mir steckt.
Plötzlich werden Träume Wirklichkeit,
durch dich lebe ich in einer anderen Zeit.

        Noch nie hat jemand so an mich geglaubt,
        mir so viele unglaubliche Dinge zugetraut.
Du bestärkst mich in meinem Handeln,
ohne dich würde ich im Dunkeln wandeln.
        Diese Kraft konnte mir keiner geben,
        damit änderte sich mein ganzes Leben.

Menschen wie dich,
lernt man nicht alle Tage kennen,
zumindest keine,
die sich „gute Freunde" nennen,
darum ist es unsere Freundschaft wert,
dass man sie mit diesen Zeilen ehrt.
Ich schreibe diese Zeilen nur für dich,
denn ich weiß, du glaubst an mich.

Sprich — mit — mir !!!

Hey, was starrst du vor dich hin?
Ich sehe darin keinen Sinn.
Dein Blick ist so trostlos und leer.
Sag, was bedrückt dich so sehr?
Ich kann dich nicht so leiden sehen,
wenn du nicht sprichst,
kann ich nicht verstehen.

Schweigen ist Gold, wie man so sagt,
doch manchmal hilft es,
wenn man Freunde fragt.
Du weißt, du kannst mir vertrauen,
ich bin immer da,
du kannst auf mich bauen.
Ein guter Rat zu jeder Zeit,
wir überstehen das zu zweit.

Gemeinsam fällt uns eine Lösung ein
und dein Problem,
wird schnell vergessen sein.
Du musst dich nicht alleine quälen,
nun fang schon an, mir alles zu
erzählen!
Nach einem Gespräch wirst du sehen,
wird es dir gleich besser gehen.

Trage deinen Kummer nicht allein,
ich werde immer bei dir sein.
Du kannst mir alles sagen,
kannst mich alles fragen,
ich höre dir zu,
denn das Wichtigste bist du.

Nur komm und sprich mit mir!

Wie gewonnen, so zerronnen

Ich habe meinen besten Freund verloren,
obwohl ich ihm geschworen:
„Wir werden uns nie trennen,
solange wir einander kennen!"

Schlimm genug, dass es soweit kam
und unsere Freundschaft dieses Ende nahm,
doch mein bester Freund
hat keinen blassen Schimmer
und das ist noch viel schlimmer.

Für mich heißt Freundschaft:
„Sich kennen und vertrauen,
sich verstehen und aufeinander bauen."
Auch Offenheit fällt ins Gewicht,
doch leider nur bei unserer Freundschaft nicht.

Ich vermisse, wie es früher war,
wir zwei - für einander immer da.
Zu viele Dinge sind passiert.
Es gibt nichts, was diese repariert.
Doch was geschehen, ist geschehen
und nicht zu übersehen.

Eines wird mir jetzt ganz klar,
meine echten Freunde waren immer da.
In meiner Einsamkeit waren sie nicht weit,
sie waren da, die ganze Zeit.
Doch ich hatte keinen blassen Schimmer,
und das ist noch viel schlimmer.

Nur Freunde ?

Es reichten ein Lachen und ein Blick von dir
und meine innere Stimme sprach zu mir:
„Das ist das Ass der Asse,
dieser Typ ist super – klasse!"

Jeden Tag denke ich bei mir:
„Ach wärst du doch hier."
Wir könnten zusammen lachen
und viele verrückte Dinge machen.

Zusammen ist doch besser als allein,
komm und lass uns Freunde sein.
Einsamkeit und Langeweile
sollen uns nicht mehr quälen,
gemeinsam können wir Pferde stehlen.

Ich habe mich verliebt ohne Ende,
damit kam dann auch die Wende.
Du kamst damit nicht klar,
dass ich mehr als einen Freund in dir sah.

Ich habe dich zu nichts gedrängt
und den Gedanken von uns an den Nagel gehängt.
Erst jetzt habe ich eingesehen,
dass wir uns nur als Freunde nahe stehen.

Warum sollten sich unsere Wege trennen,
gerade jetzt, wo wir uns näher kennen?
Ich kann das nicht verstehen,
doch ich weiß, ich will dich wiedersehen.

Ob Liebe oder nicht,
du musst wissen, ich brauche dich!
Als Freund bist du mir wichtig.
Bitte verstehe das richtig!
Ich will dich ja nicht für mich allein,
ich will doch nur mit dir befreundet sein.

DAS VERLIEBEN

Wer das Leben liebt
und die Liebe lebt
stets verliebt
durchs Leben geht.

Wenn du wüsstest ...

Tag ein, Tag aus
erleben wir zusammen,
als beste Freunde auf dieser Welt.
Es ist mir sehr wichtig,
dass Freundschaft so zählt.

Doch wenn du wüsstest,
was ich fühle,
wie nah du mir wirklich bist,
dann würdest du mich
mit anderen Augen sehen.
Ich wünschte, du würdest mich verstehen.

Nur ein Freund,
bist du schon lang nicht mehr.
Nein, dafür empfinde ich zu sehr.
Da ist mehr als du denkst,
denn du bist es,
der mein Leben lenkt.

In mir sind Gefühle erwacht.
Ich hätte nie gedacht,
dass ich mich in dich verlieben könnte.
Wir sind doch Freunde und nicht mehr,
doch ich muss dir sagen:

„Mein Freund, ich liebe dich sehr!"

Trau dich !

Ich kann deine Blicke spüren,
wie sie mich überall berühren.
Sie wandern hinauf und wieder hinab,
keine Sekunde wenden sie sich ab.
Sie verschlingen mich mit Haut und Haar
und ich spüre, sie sind immer da.

Wenn du etwas siehst auf dieser Welt,
dann nimm es, wenn es dir gefällt,
sonst greift ein Anderer zu
und der Verlierer, der bist du.
Trau dich, zögere keinen Augenblick.
Trau dich, sonst verpasst du dein Glück.

Ich weiß, du schaust schon lang.
Warum sprichst du mich nicht an?
Hast du Angst, ich würde dich beißen
oder dir deinen Kopf abreißen?
Nimm dir doch endlich den Mut
und du wirst sehen, alles wird gut.

Wenn du etwas siehst auf dieser Welt,
dann nimm es, wenn es dir gefällt,
sonst greift ein Anderer zu
und der Verlierer, der bist du.
Trau dich, zögere keinen Augenblick.
Trau dich, sonst verpasst du dein Glück.

Ich glaube, ich muss jetzt selbst mal starten,
denn ich will nicht ewig warten.
Ich habe gewisses Interesse an dir
und merke, dir geht es ebenso mit mir.
Ich habe mich getraut ein kleines Stück
und hoffe, jetzt traust auch du unserem Glück.

Wenn du etwas siehst auf dieser Welt,
dann nimm es, wenn es dir gefällt,
sonst greift ein Anderer zu
und der Verlierer, der bist du.
Trau dich, zögere keinen Augenblick.
Trau dich, sonst verpasst du dein Glück.

Verliebt in der Stadt

Ich sah sie gestern Mittag,

   als ich in der Stadt spazieren ging.

     Sie hatte etwas an sich,

       dass in mir die Sonne aufging.

Sie war so faszinierend,

   so unbeschreiblich schön.

     Ich musste ihr einfach folgen,

       um sie weiter anzusehen.

Wohin sie auch ging,

   ich lief ihr nach, die ganze Zeit.

     Durch alle Straßen und Gassen,

       für sie war mir kein Weg zu weit.

Ich kam an eine Ampel,

    sie war rot und ich musste stehen.

        Nur kurz warten, dann ging ich weiter,

        doch konnte sie nicht mehr sehen.

Es war doch nur ein Augenblick,

    aber sie war verschwunden.

        Ich suchte überall,

        doch habe sie nicht gefunden.

Ich war sehr traurig,

    im Gedanken noch immer bei ihr,

        wollte schon gehen,

        da stand sie plötzlich neben mir.

Woher sie auch kam,

    sie war wieder da

        und lächelte so bezaubernd,

            ich war dem Himmel so nah.

Ich lud sie ein, auf einen Café

    und habe nie geglaubt,

        dass es so jemanden gibt,

            der mir Verstand und Sinne raubt.

Wir lernten uns näher kennen,

    waren voneinander fasziniert,

        haben uns ineinander verliebt,

            nun kann uns nichts mehr trennen.

DIE LIEBE

Die Utopie einer wahren Liebe
ist ein Hirngespinst
der Triebe.

Liebeswahn

Ich muss immer an dich denken,
kann meine Sinne nicht mehr lenken,
du wirfst mein Leben aus der Bahn,
ich bin dir so verfallen - Liebeswahn.

Als ich dich gestern Abend sah,
in dieser kleinen Bar,
du warst so glücklich und lachtest,
doch wusste ich nicht, was du dachtest.

Du hast mich angesehen,
dann war es um mich geschehen.
Dein Blick so zauberhaft,
voller Liebe und Leidenschaft.

Ich wollte zu dir rüber gehen,
doch dann konnte ich sehen,
du warst nicht allein,
in diesem Augenblick
brach eine Welt für mich ein.

Wer war der Typ, der zu dir kam
und dich in seine Arme nahm?
Er strich dir übers goldene Haar
und ich stand ganz alleine da.

Du hast den Typ geküsst,
vor meinen Augen.
Nein... ! Ich wollte es nicht glauben.
Meine Brust begann zu schmerzen,
denn ich liebe dich von ganzem Herzen.

Ihr habt die Bar verlassen,
ich konnte es nicht fassen,
du kamst nicht mehr zurück zu mir,
doch meine Gedanken sind ewig bei dir.

Du bist mein Leben

Du bist ein Wunder auf diesem Planet,
weil du es immer wieder schaffst,
dass sich meine Welt verkehrt herum dreht.
Wie ein Tornado fegst du durch meinen Tag,
bringst ihn völlig durcheinander,
und weißt genau, dass ich es mag.

An meiner Seite brauche ich dich,
denn du bist der Antrieb für mich.
Gemeinsam sind wir ein Gespann,
schaffen unvergessliche Momente,
die man alleine nicht erleben kann.

Nur mit dir macht mein Leben einen Sinn,
weil ich nur mit dir wirklich glücklich bin.
Mit dir strebe ich der Zukunft entgegen,
denn du bist mein Leben.

Das verschwundene Glück

Ich lag am Strand herum
und schaute mich um,
da warst plötzlich du
und lächeltest mir zu.
Mit einer Rose in der Hand
standest du im weichen Sand.
Du tratst an mich heran
und nahmst mich in deinen Bann.
Ich war überglücklich und froh,
keiner verzauberte mich jemals so.
Deine Lippen waren so zart,
deine Muskeln so hart,
dein Körper war vollkommen,
er glänzte wie tausend Sonnen.
Wir liebten uns am Strand,
dann schliefen wir ein im Sand.
Am Morgen dann, die Sonne weckte mich.
Wo warst du geblieben? Ich suchte dich.
Doch das Einzige, was ich fand,
war ein gemaltes Herz im Sand.
„Ich liebe dich" stand noch geschrieben,
doch wo nur warst du geblieben?
Ich denke oft an dich zurück,
denn du bist mein verschwundenes Glück.

Mein Paradies

Ich habe eine Entdeckung gemacht,
dabei hätte ich nie gedacht,
dass es so etwas Schönes gibt,
einen Ort, an dem man unbeschwert lebt.

Ich habe das Paradies für mich entdeckt,
es hat neues Leben in mir geweckt.
Adam und Eva wurden einst vertrieben,
ich lerne gerade, es zu lieben.

Ein gewisser Zauber an diesem Ort,
er weht Ängste und Sorgen fort.
Er gibt mir ein Gefühl von Sicherheit,
von Nähe und Geborgenheit.

Ich lasse mich nicht vertreiben,
denn hier will ich für immer bleiben!
Dieses Paradies ist mein
und ich brauche es um glücklich zu sein.

Es kann nichts Schöneres geben
als einen Ort, an dem meine Träume leben.
Es ist wie meine eigene Welt,
in der nur mein Wohlsein zählt.

Der schönste Ort weit und breit,
ist das Paradies bei dir, für alle Zeit!
In deinen Armen zu liegen
und mich an deine Schulter zu schmiegen.

Ich kann deinen Herzschlag hören
und deine Wärme spüren.
Und ich weiß hier bin ich niemals allein,
denn du wirst für immer bei mir sein.

Ich liebe dich noch immer

Weißt du noch, vor langer Zeit ...?
Wir waren Eins in der Vergangenheit.
Es war nicht immer leicht für uns zwei,
aber auch schlechte Zeiten gingen vorbei.

Wir hatten viele glückliche Stunden.
Ja, wir hatten unser Glück gefunden.
Es war so schön zu zweit,
doch leider nur für kurze Zeit.

Ich weiß nicht was geschah,
dass auf einmal alles anders war.
Ich dachte, die Zeit heilt die Wunden,
doch du hattest schon woanders Trost gefunden.

Du hast dir eingeredet, es sei neues Glück,
doch jetzt wünschst du dir das alte zurück.
Du hast Angst, die Vergangenheit holt uns ein
und wir könnten nicht noch einmal glücklich sein.

Ich habe schon längst vergessen und verziehen,
was damals ist geschehen.
Verzeihe und vergesse auch du
und traue uns einen neuen Anfang zu.

Wir beide wissen, was man nie vergisst.
Wir wissen, was die große Liebe ist.
Meine große Liebe bist du,
bitte komm doch wieder auf mich zu.

Was soll ich tun? Ich weiß es nicht,
doch ich weiß genau, ich will nur dich.
Große Trauer ist in mir geboren,
ohne dich bin ich verloren.
Mein Leiden wird täglich schlimmer,
denn ich liebe dich noch immer.

Sehnsucht

Ich bin so traurig,
     wenn ich dich nicht seh'.
Von dir getrennt zu sein,
     das tut im Herzen weh.
Jeder Augenblick ohne dich
     ist wie ein Stück verlorene Zeit,
in der mein Herz nach deiner Liebe schreit.

Der kleinste Gedanke an dich
     gibt mir Kraft und macht mir Mut,
so kann ich wieder lachen
     und es geht mir gut.
Ich träume meinen schönsten Traum,
     doch ihn endlich zu erleben,
ich erwarte es kaum.

Ich sehne mich so sehr nach dir.
Ich liebe das „DU und ICH",
doch vermisse das „WIR".
Meine Liebe ist stark,
doch die Sehnsucht kann ich nicht besiegen,
aber es hilft mir der Gedanke
bald wieder in deinen Armen zu liegen.

Meine Gedanken übertrage ich dir,
sie sagen: „Komm her zu mir!"
Ich vermisse dich so sehr,
doch heute noch viel mehr.
Die Sehnsucht halte ich nicht aus.
Bitte komm zu mir nach Haus!

Entscheidung

Du hast dich auf mich eingelassen,
doch dann konnte ich's nicht fassen,
als du mir hast mitgeteilt,
du bist vergeben, seit geraumer Zeit.
Wäre mir das klar gewesen, wie es um dich steht,
hätte ich mir das mit uns genauer überlegt.

Es ist Eifersucht, die ich spüre,
wenn ich dich küsse und berühre.
Die Wut steigt in meinem Bauch,
denn ich weiß, er darf das auch.
Du sagst zu mir: „Ich liebe dich",
doch denkst du dabei an Ihn - oder an mich?

Gebrochen hast du mir das Herz,
ich fühle diesen tiefen Schmerz.
Ich bin am Ende und kann nicht mehr.
Dir fällt es sicher auch sehr schwer,
doch du musst dich jetzt entscheiden,
denn ich kann und will nicht länger leiden.

Ewig dieses Hin und Her,
heute ich und morgen er.
Das kann doch nicht so schwer sein,
ich bekomm' das in meinen Kopf nicht rein.
Du musst doch wissen, was du fühlst.
Entscheide endlich was du willst!

Alles verspielt

Du hast mich nur belogen,
jeden Tag aufs Neue betrogen.
Wie konntest du mich so verletzen?
Ich kann das nicht verstehen.
Bitte geh aus meinem Leben,
ich will dich nicht mehr sehen.

„Es tut mir leid!"
„Es kommt niemals wieder vor!"
Wie oft schon hast du das gesagt?
Ich kann es nicht mehr hören,
ich habe mich lang genug geplagt.
Deine Spielchen hab ich satt,
nun wendet sich das Blatt.

Du kannst nun alles tun und lassen,

denn du bist wieder frei.

Ich fange ein neues Leben an

und unsere Zeit ist nun vorbei.

Ich sag endgültig: „Lebe wohl!".

Keine Träne werde ich vergießen,

denn mein Leben ohne dich

werde ich genießen.

Ich hoffe diese Trennung macht dir klar,

dass etwas nicht in Ordnung war.

Du hast meine Gefühle verletzt

und damit alles aufs Spiel gesetzt.

Ich leg die Karten offen auf den Tisch.

Du hast das Spiel verloren

und mit dem Spiel auch mich.

DIE TRAUER

Das Ende aller Zeiten
liegt in unbestimmten Weiten
und ist es doch einmal erreicht
ist es nicht immer leicht.

Bitte weine nicht

Bitte weine nicht,
komm in meinen Arm, ich halte dich.
Ich schenke dir Geborgenheit;
deine Wunden heilt die Zeit.
Ich trockne dir Träne für Träne,
weil ich mich nach deinem Lächeln
sehne.

Sag, was ist geschehen?
Ich kann in deinen Augen sehen:
Sie zeigen Angst und Schmerz.
Sag, was bedrückt dein Herz?
Großes Leid zeigt dein Gesicht.
Nein, … diese Trauer steht dir nicht.

Wo ist dein Lächeln geblieben?
Sag, wer hat es vertrieben?
Sag, was ist passiert,
wer hat dein Lächeln entführt?
Dein lieblich lachender Mund,
er fehlt mir Stund' um Stund'.

Wenn ich deine Trauer seh',
dann tut mir das in meiner Seele weh.
Ich will dir helfen,
doch ich weiß nicht wie.
Eines aber weiß ich ganz genau:
Ich muss auch gleich weinen,
wenn ich noch länger
in deine traurigen Augen schau.

Bitte weine nicht,
komm in meinen Arm, ich halte dich.
Ich schenke dir Geborgenheit;
Deine Wunden heilt die Zeit.
Ich trockne dir Träne für Träne,
weil ich mich nach deinem Lächeln
sehne.

Bitte weine nicht !!!

Ohne dich

Du hast mich verlassen,
hast mich allein gelassen.
Du sagtest nur „Auf Wiedersehen,
tut mir leid, ich muss jetzt gehen".

Das Schicksal führte dich fort,
deine Zukunft lag an einem anderen Ort.
Jetzt bist du nicht mehr hier,
doch meine Gedanken sind bei dir.

Ohne dich ist die Welt so leer.
Ohne dich habe ich kein Leben mehr.
Ohne dich will ich nicht sein.
Ohne dich gibt es keinen Sonnenschein.
Ohne dich macht nichts mehr einen Sinn.
Es ist grausam, wenn ich alleine bin.

Wie viel Zeit wird noch vergehen,
bis wir uns endlich wiedersehen?
Wie lang muss ich noch alleine sein?
Wann kehrst du endlich wieder heim?

Jeder Tag wird zur Ewigkeit.
Es ist eine grausame Zeit.
Ich bitte dich: „Komm bald zurück!"
Du fehlst mir zu meinem Lebensglück.

Ohne dich ist die Welt so leer.
Ohne dich habe ich kein Leben mehr.
Ohne dich will ich nicht sein.
Ohne dich gibt es keinen Sonnenschein.
Ohne dich macht nichts mehr einen Sinn.
Es ist grausam, wenn ich alleine bin.

Abschied

Du bist einfach gegangen,

ohne ein „Auf Wiedersehen".

Deine Zeit war gekommen,

du musstest gehen.

Zu früh war dein Leben vorüber,

nun gehst du in ein neues über.

Mein Blick fällt neben mich,

doch dein Platz ist leer.

Du bist fort und ich vermisse dich so sehr.

Niemals werde ich dich vergessen

und die schöne Zeit mit dir,

denn du lebst weiter, ganz tief in mir.

Ich sehe zum Himmel hinauf

und sehe, er tut sich auf.

Es ist kein Wolkenbruch.

Seine Tür öffnet sich

und er erwartet dich.

Es tut so weh, zu wissen

du kommst niemals zurück.

Mit dir fehlt in mir ein Stück.

Du bist gegangen aus meinem Leben,

doch in meinem Herzen wird es immer

den Gedanken an dich geben.

Ich war tot

Ich war tot, habe nicht gelebt,
denn ich habe fest geglaubt,
dass leben ohne dich nicht geht.
Du warst mir immer so nah
und plötzlich nicht mehr da.

Es ist so schwer, doch das Leben geht weiter.
Auch wenn du nicht mehr bei mir bist,
bleibst du mein ständiger Begleiter.
Du hast mich verlassen,
doch ich denke jeden Tag an dich
und die Erinnerung wird nie verblassen.

Ich kann das Funkeln deiner Augen sehen,
wenn das erste Sonnenlicht
im Morgentau die Strahlen bricht.

Ich kann deine Stimme hören,
wenn der Wind die Bäume streift
und dabei deinen Namen pfeift.

Ich kann deine Nähe spüren,
wenn sich der Regen über mir ergießt
und jeder Tropfen
wie ein Kuss auf meiner Haut zerfließt.

Jeden Tag fehlst du mir mehr.
Ich schaue unsere Bilder an
und vermisse dich so sehr.
Irgendwann muss jeder gehen.
Auch meine Zeit wird kommen,
dann werde ich dich wiedersehen.

Dieser Gedanke hat mich wieder geweckt
und ich habe das Leben
für mich ganz neu entdeckt.

DAS LEBEN

Wer das Leben kennt,
der weiß, es ist mal schwer
und mal gemein,
doch es kann auch herrlich sein.

Mein Leben

Nie habt ihr geglaubt,
  dass ich's zu etwas bringen kann.
Ihr habt mich verspottet und ausgelacht.
  Nun seht mich heute an!
Ich hab etwas aus mir gemacht.
  Meine Hilfen waren Freunde
und Selbstvertrauen,
  denn darauf kann man bauen.

Nun hab ich euch bewiesen,
  was ich euch vor Jahren angepriesen.
Ich habe erreicht mein großes Ziel.
  Es war durchaus kein Kinderspiel.
Jetzt hab ich 'ne Persönlichkeit
  und bin nicht „Irgendwer" in dieser Zeit.

Jetzt beginnt für mich das wahre Leben,
  mein Ehrgeiz hat mir Kraft gegeben.
Vielleicht glaubt ihr nun an mich,
  denn wie ihr seht, die Dinge ändern sich.

Wagnis

Manchmal bewege ich mich
auf fremdem Land,
dann ist alles so unbekannt,
so unheimlich und fremd,
dass die Furcht mich hemmt
etwas Neues zu probieren,
einfach einmal etwas zu riskieren.
Der Reiz ist da, etwas Neues zu testen,
aber auch die Angst,
andere mit meinem Unwissen zu verletzen.

Für andere ist das Neue keine Gefahr,
weil es für sie schon immer so war.
Für mich ist es nicht leicht,
es braucht Zeit bis mich der Mut erreicht,
doch ist der Mut erst einmal da,
bin ich sicher, alles wird dann wunderbar.
Vielleicht kann ich mich überwinden
und so ganz neue Abenteuer finden.

Soll ich den Sprung ins kalte Wasser wagen?
Dann müsste ich mich nicht mehr fragen,
was denn wohl passiert,
wenn man mal etwas riskiert.

Was denkst du?

Du bist wie ein kleines Kind,
machst nur was Mama dir sagt,
und wenn dich jemand etwas fragt,
brauchst du Hilfe um zu wissen,
ob etwas falsch oder richtig ist,
weil du nicht in der Lage bist.

Du handelst nie aus freien Stücken,
machst alles wie die Andern auch,
tust nichts nach deinem Gefühl
oder aus dem Bauch heraus.
Du baust dir damit Brücken.
Doch reichen Brücken aus?

Manchmal denke ich,
du hängst an einer Nabelschnur.
Was du nicht weißt: Sie stört dich nur.
Keiner kann dir sagen wie du fühlst,
was du denkst und was du willst.
Du kannst sie lösen, dich von ihr trennen,
brauchst nur den Mut sie zu sprengen.

Du bist erwachsen, kann ich dir sagen.
Doch weißt du es auch
oder musst du erst Mama fragen?
Entscheide doch einmal allein
und du wirst sehen und verstehen:
Das Leben kann so einfach sein.

Ohne Fleiß kein Preis

Schon wieder ist ein Tag vergangen,
ein Tag ohne Ergebnis, ohne jedes Ziel.
Wieder einmal nur herum gehangen,
denn du glaubst, das Leben ist ein Spiel.

Du hast ein Ziel vor Augen,
also lass dir deine Träume nicht rauben.
Du musst endlich etwas tun,
damit deine Träume nicht auf ewig ruh'n.

Geh doch auf die Menschen zu,
lass nicht locker, gib keine Ruh,
bis sie merken, wie gut du bist
und sie sehen, wie ernst es dir ist.

Von allein kommt keiner zu dir
und sagt: „Komm arbeite mit mir!",
du musst auch sie verstehen,
denn wenn du dich nicht zeigst,
können sie dich nicht sehen.

Hast du dich einmal aufgerafft
und den Anfang ganz allein geschafft,
wirst du schon bald sehen,
so schnell kann es gehen.

Im Nu bist du bekannt,
dein Name geht durch das ganze Land,
doch bis dahin ist es nicht leicht,
denn ohne Arbeit wird nichts erreicht.

„Ohne Fleiß kein Preis!",
so ist das Motto fürs Leben.
Keiner wird dir umsonst was geben.
Du musst schuften ohne Ende,
denn von allein,
fällt dir nichts in die Hände.

Ich will fliegen

Wieder einmal so ein grauer Tag,
erfüllt von Hektik und Stress
und keine Zeit um Luft zu holen.
Alltag und Routine
haben mir ein Stück vom Leben gestohlen.
Ich bin gefangen in der tristen Realität,
doch mein Sinn nach anderen Dingen steht.

Ich will fliegen!
Frei wie ein Vogel,
raus aus dem Leben,
den Alltag vergessen,
ohne Sorgen am Himmel schweben.
Ich will fliegen!

Ist das der Sinn des Lebens,
jeder Tag ein Déja vù?
Wie lang soll das noch so weiter gehen?
Ich erlebe es immer wieder
und mein Leben zieht an mir vorüber.
Hilflos ausgeliefert, dem Zug und dem Zwang,
doch in meinem Sinn, ein anderer Drang.

Ich will fliegen!
Frei wie ein Vogel,
raus aus dem Leben,
den Alltag vergessen,
ohne Sorgen am Himmel schweben.
Ich will fliegen!

Ich lasse alles hinter mir
und fang noch mal von vorne an,
weil ich so nicht leben kann.

Ich will fliegen!
Frei wie ein Vogel,
raus aus dem Leben,
den Alltag vergessen,
ohne Sorgen am Himmel schweben.
Ich will fliegen!

Mein Traum

Ich habe geträumt, von einer Welt,
die mir gefällt,
ganz ohne Hass und Kriege,
ohne all die Grausamkeit,
einer Welt voller Liebe
und Frieden weit und breit.

Ich habe geträumt, von den Menschen,
sie waren alle gleichgestellt,
keiner war anders, in meiner Welt.
Ob farbig oder weiß,
zusammen bildeten wir einen Kreis,
gemeinsam haben wir gelacht,
es wurden keine Unterschiede gemacht.

Ich habe geträumt, dass alles anders wird.
Wir waren ein Volk und zusammen stark.
Ich träumte von diesem Tag,
an dem wir begriffen,
es kann so nicht weitergehen,
denn wir konnten uns selbst
nicht mehr im Spiegel ansehen.

Doch dann bin ich erwacht
und ich habe festgestellt,
sie ist ganz anders unsere Welt.
Warum nur verstehen wir nicht,
dass was wir tun, so nicht richtig ist?
Wir haben nur diese eine Welt,
doch wissen wir nicht,
was wirklich zählt.

Hallo kleiner Mann

Du öffnest deine Augen,
erblickst das Licht der Welt.
Wir können es kaum glauben,
du bist endlich da, bist unser Held.

Die Freude ist so riesig groß,
unendlich unser Glück.
Eine neue Ära geht nun los,
ein ganz besonderer Augenblick.

Hallo kleiner Mann,
willkommen daheim.
Wir schauen dich an
und wissen, bald wirst du
ein Großer sein.

Hey Kleiner
dir gehört die Welt,
lebe in den Tag hinein,
wie es dir gefällt.

Wir schließen dich in unser Leben ein,
werden jeden Schritt mit dir gemeinsam
gehen.
Du wirst niemals alleine sein,
denn wir werden immer zu dir stehen.

Wir werden dir unsere Liebe schenken,
soviel Liebe es in unseren Herzen gibt.
Wir werden immer an dich denken,
denn wir haben dich unglaublich lieb.

Hallo kleiner Mann,
willkommen daheim.
Wir schauen dich an
und wissen, bald wirst du
ein Großer sein.

Hey Kleiner
dir gehört die Welt,
lebe in den Tag hinein,
wie es dir gefällt.

Mein kleiner Teddybär

Ein kleiner Teddybär auf meinem Bett
er sieht mich an ganz lieb und nett
mit seinen Augen so groß und rund
ein Lächeln zeigt sein Mund
sein Fell so sanft und weich
ich drücke seinen Bauch
dann ruft er gleich:

Komm her zu mir
ich bin dein liebes Kuscheltier
du musst nur meine Hand berühren
dann werd ich dich
ins Teddy-Land entführen
und du wirst sehen 1-2-3
alle Sorgen sind im Nu vorbei

Wenn ich einmal ganz traurig bin
und denk das Leben macht keinen Sinn
dann ist er für mich da
mein Teddy der ist einfach wunderbar
ich drücke wieder seinen Bauch
und schon ruft er auch:

Komm her zu mir
ich bin dein liebes Kuscheltier
du musst nur meine Hand berühren
dann werd ich dich
ins Teddy-Land entführen
und du wirst sehen 1-2-3
alle Sorgen sind im Nu vorbei

Jetzt hab ich wieder neuen Mut
ich bin glücklich und es geht mir gut
wird das Leben wieder schwer
hab ich ja meinen Teddybär
dann reise ich wieder in die Teddy-Welt
weil es mir dort gut gefällt
ich drücke einfach seinen Leib
bis er wieder schreit:

Komm her zu mir
ich bin dein liebes Kuscheltier
du musst nur meine Hand berühren
dann werd ich dich
ins Teddy-Land entführen
und du wirst sehen 1-2-3
alle Sorgen sind im Nu vorbei

Der Mann an der Theke

Wer ist der junge Mann,

der dort drüben an der Theke steht?

Ich will ja gar nicht sagen,

dass er mir auf die Nerven geht,

doch dieser junge Mann

glotzt mich ständig blöde an.

Den hab ich schon einmal gesehen,

ich glaub sogar, den kenn ich irgendwie,

doch woher nur mag das sein,

zu dem Gesicht fällt mir kein Name ein.

Er trägt das gleiche Hemd wie ich

und sieht auch irgendwie so aus,

der ist mir ganz sympathisch,

dem geb ich einen aus.

Ich will gerade zu ihm rüber gehen,

das hat er wohl gesehen,

denn genau im gleichem Nu,

kommt er auf mich zu,

also bleib ich erst mal stehen

und denke so bei mir,

lass ihn doch rüber kommen,

ich trink noch mal an meinem Bier.

Der will mich wohl verarschen!

Ich glaub der spielt ein Spiel mit mir,

denn auch er hält erst mal inne

und trinkt an seinem Bier.

Was tut er da?

Jede Bewegung, jeder Schritt,

alles was ich tue,

macht er genauso mit.

Mir reicht es jetzt,

ich lass mich nicht verarschen!

Mein Bier, das schütte ich ihm

mitten ins Gesicht,

mein Glas, das werfe ich hinterher,

da gibt es plötzlich einen lauten Schlag

und den Spiegel,

ganz am Ende dieser Theke,

gibt es jetzt nicht mehr.

Und die Moral von der Geschicht:

Vergiss niemals dein eigenes Gesicht !!!

Danke

Ich wollte dir nur einmal Danke sagen
und du brauchst auch nicht nach Gründen fragen,
denn du weißt genau wofür,
denn ohne dich, wäre ich nicht hier.

Danke für die Zeit, die du mir schenkst,
dafür, dass du immer an mich denkst.
Danke für deine Sorge um mein Leben,
für all die Hilfe, die du mir gegeben.
Danke für all dein Vertrauen und deine Kraft.
Danke für alles, was ich durch dich geschafft.

Danke, dass du immer bei mir bist,
dafür, dass du mich nie vergisst.
Danke, dass du zu mir stehst,
dafür, dass du auch in schlechten Zeiten
nicht von meiner Seite gehst.
Danke für alles was du tust.

Vielen Dank und einen dicken Kuss !!!

Das Leben eines Clowns

Jeden Tag in der Manege stehen
und all die fröhlichen Gesichter sehen.
Jeden Tag im Zirkuszelt
und es lacht die ganze Welt.
Nur einer, der nicht wirklich lacht.
Es ist der Clown,
der alle andern glücklich macht.

Rote Nase, rotes Haar
und das Gesicht geschminkt,
so wird den Menschen zugewinkt.
Stolpern, schubsen, fallen,
ab und zu einen Luftballon zerknallen.
Nur hinter der Maske steckt der Schmerz,
Trauer verbirgt sich in jedem Scherz.

Nach jedem Auftritt, wenn die Maske fällt,
lebt auch der Clown in der realen Welt.
Keiner weiß, wie es ihm wirklich geht,
man kennt ihn nur,
wenn er lachend in der Manege steht.
Auch ein Clown hat ein Herz.
Er lebt für sich und nicht für seinen Scherz.

Ein Clown zu sein, dass ist sehr schwer.
Immer lachen und Späße machen,
nach außen ist es,
wie wenn die Sonne scheint,
doch im Inneren, die Seele weint.
Auch ein Clown hat Kummer, hat Sorgen,
jedoch diese bleiben stets verborgen.

Inhaltsverzeichnis

Das verschwundene Glück
Mein Paradies
Ich liebe dich noch immer
Sehnsucht
Entscheidung
Alles verspielt

Die Trauer

Weisheit
Bitte weine nicht
Ohne dich
Abschied
Ich war tot

Das Leben

Weisheit
Mein Leben
Wagnis
Was denkst du?
Ohne Fleiß kein Preis
Ich will fliegen
Mein Traum
Hallo kleiner Mann
Mein kleiner Teddybär
Der Mann an der Theke
Danke
Das Leben eines Clowns

ISBN: 9783842372962

© 2011 Anja Schönefeld
Druck und Verlag: Books on Demand GmbH